Lucas Eduard

Kurze Anleitung zum Obstdörren

Lucas Eduard

Kurze Anleitung zum Obstdörren

ISBN/EAN: 9783743300330

Hergestellt in Europa, USA, Kanada, Australien, Japan

Cover: Foto ©Andreas Hilbeck / pixelio.de

Manufactured and distributed by brebook publishing software (www.brebook.com)

Lucas Eduard

Kurze Anleitung zum Obstdörren

Kurze Anleitung

zum

Obstdörren und zur Mußbereitung

von

Dr. Ed. Lucas,

Direktor des pomologischen Instituts in Reutlingen.

Mit 1 lithographirten Tafel und mehreren Holzschnitten.

Dritte umgearbeitete und vermehrte Auflage.

Ravensburg.

Druck und Verlag von Eugen Ulmer.

1869.

Vorwort zur zweiten Auflage.

Die erste Auflage dieses Büchleins, welche im August 1857 erschienen war, war schon länger bis auf eine kleine Zahl von Exemplaren vergriffen und manche Erfahrungen in den 3 Jahren seit ihrem Erscheinen ließen sich den früheren anreihen.

Die 1857 als neu geschilderte, vereinfachte Obstdörre hat sich inzwischen viele Freunde erworben und es liegen Nachrichten aus Coburg, Baden, Schlesien, Oesterreich u. s. w. vor, nach denen man mit derselben durchaus zufrieden war. Was aber mehr als dieß spricht, ist die Nachricht, welche mir Herr Schultheiß Eberhardt von Linsenhofen mittheilte, daß in Linsenhofen und Balzholz bereits in diesem Sommer (1860) wieder mehr als ein Dutzend solcher Dörren von dortigen Bauern neu eingerichtet worden seien, — denn das Urtheil des Landmanns ist in solchen Dingen immer sehr vorsichtig.

Herr Inspector Eichenhofer in Lichtenstern wünschte 1858 für seine Anstalt eine gute Dörre, ich empfahl ihm die meinige mit der Abänderung, daß er den Dörrkasten anstatt von Holz, von Backsteinen — wie ich ihn jetzt auch mit beschrieben habe — solle anfertigen lassen. Derselbe schrieb mir im Februar 1859 darüber Folgendes:

„Sie haben im Herbste vorigen Jahres die Güte gehabt, mir Ihr Schriftchen über das Dörren des Obstes mit Zeichnungen zu besseren Dörren zuzusenden. Ich habe danach eine Dörre auf einem unbenützten Herde aufführen lassen, 4' breit und 4' hoch die Außenwände mit Backstein, die mittlere Unterscheidungswand mit einer Diele, die Hürdchen mit Böden von Drahtgeflecht, wodurch wir eine vorzügliche Dörre bekamen, die mit sehr mäßigem Verbrauch von Holz täglich 1 Simri trockenes, sehr schönes Obst lieferte. Wir waren so erfreut darüber, daß uns das Dörren eine Lust war und daß wir Ihrer schönen Verbesserung sehr dankbar waren. Erlauben Sie gütigst, daß ich hiemit auch schriftlich Ihnen den herzlichsten Dank ausdrücke für den gütigen Rath und die freundliche Beihülfe, die Sie uns durch Ihr Schriftchen auch für unsere 100 Personen starke Anstaltsfamilie geleistet haben."

An Obst zum Dörren fehlt es uns in den meisten Jahren nicht, auch werden in Folge der bessern Pflege der Bäume die

Früchte vollkommener und schöner, und zu jedem Zweck, also auch für das Dörren, geeigneter und werthvoller; allein was hilft dieser Segen, wenn wir die Früchte in nicht sauber ausgekehrten Backöfen halb verbrennen lassen, oder wenn wir sie in Rauchdörren oder Erddörren einräuchern und geschmacklose, ekelhafte Früchte erlangen, oder aber wenn andererseits das Dörren (wie in den meisten großen Dörren) eben so kostspielig als zeitraubend ist und die Dörre selbst ein viel zu großes Kapital erfordert, wenn sie brauchbar sein soll!

Pomologisches Institut in Reutlingen,
den 19. Juli 1860.

Ed. Lucas.

Vorwort zur dritten Auflage.

In den 9 Jahren, welche seit der Ausgabe der 2. Auflage verstrichen, wurde in dem hiesigen pomologischen Institut wiederholt im größeren Maßstabe Obst gedörrt und haben sich die beiden hier aufgestellten Dörren, welche ich als Schnelldörre für gewöhnliche Haushaltungen und als neue Gemeindeobstdörre empfohlen habe, in jeder Beziehung sehr bewährt. Es ist daher die Beschreibung dieser beiden in der Zeit seit dem Erscheinen der 2. Auflage dieser Schrift von mir neu construirten und hinlänglich erprobten Dörren als eine sehr wesentliche Bereicherung der kleinen Schrift zu betrachten.

Eine früher beschriebene größere Dörreinrichtung, die ich hier in Reutlingen vorfand, hat sich in späterer Zeit weniger bewährt und ist eingegangen, und habe ich deren Beschreibung daher auch weggelassen.

Dagegen ist auf eine neue Dörreinrichtung von Dr. Issartier, welche in Paris 1867 prämiirt wurde, und eine neue Dörre von J. Aichelin, Firma Fr. Flor in Stuttgart, welche 1869 in Petersburg eine Anerkennung erhielt, hingewiesen worden.

Möge diese kleine Schrift in der neuen fast völlig veränderten 3. Auflage ebenfalls eine freundliche Beachtung finden und zu Verbreitung guter, praktischer Dörreinrichtungen und eines rationellen Verfahrens beim Dörren beitragen.

Pomologisches Institut in Reutlingen,
den 1. Juli 1869.

Dr. Ed. Lucas.

1. Das Obstdörren.

Das Dörren des Obstes ist für alle Obstbau treibenden Gegenden in reichen Obstjahren eine Sache von der größten Wichtigkeit; es können dadurch große Quantitäten von Nahrungsstoffen für späteren Verbrauch aufbewahrt und erhalten werden. Gut gedörrtes Obst ist eine gesunde, nahrhafte Speise, welche sowohl auf der Tafel des Reichen, wie auf dem Tisch des Armen gern gesehen wird; besonders für Kranke ist dasselbe ein wahres Labsal.

Während auf gewöhnliche Weise in Backöfen oder Rauchdörren oder an der Luft gedörrtes Obst nur einen geringen Werth hat und nur im Nothfall im Handel abgesetzt werden kann, ist sorgfältig und rauchfrei gedörrtes Obst immer ein gesuchter und gut bezahlter Handelsartikel, besonders wenn auch auf die Verpackung die nöthige Sorgfalt verwendet wird.

Zu einem vollkommenen Dörrverfahren gehören vor Allem **gut und zweckmäßig eingerichtete Obstdörren**, und ich darf hoffen, durch die Bekanntmachung und genaue Beschreibung einiger von mir konstruirter, äußerst einfacher, wenig kostspieliger und in ihren Resultaten in der That ausgezeichneten Obstdörren manchem Oekonomen und Gartenbesitzer einen Dienst zu erweisen, zumal über den Werth derselben schon competente Urtheile vorliegen.

Der wesentliche Unterschied meiner Obstdörren vor den meisten anderen Dörren liegt 1) darin, daß die **Heizung aus horizontalen Heizkanälen** besteht, die in mehreren Zügen unter einer Eisenplatte oder parallel über einander hinlaufen und deren Wärme gehörig gleichmäßig vertheilt in den Dörrraum gelangt.

Diese Dörreinrichtungen lassen sich größer oder kleiner einrichten und ich empfehle zunächst folgende vier Arten und zwar:

1) Die kleinere Dörre, als Herbobstdörre zu gebrauchen, welche ca. 50 Pfund frisches Obst faßt und täglich etwa 9—10 Pfund gedörrtes Obst liefert;

2) Die kleine Schnelldörre für gewöhnliche Haushaltungen, mit Heizung aus Eisen und mit gemauerten Wandungen, etwa 90 Pfund Obst fassend und täglich 20 Pfund Dörrobst liefernd. (Taf. I. Fig. 4.)

3) Die größere Obstdörre mit selbstständiger gemauerter Heizung aber hölzernem Dörrkasten, in welcher 120 Pfund grünes Obst aufgeschüttet und täglich 20—25 Pfd. Dörrobst produzirt werden kann. (Taf. I. Fig. 5—9.)

4) Die Gemeindeobstdörre, einzeln oder zu mehreren zusammengebaut, jede mit selbstständiger Heizung, in welcher jeder 2 Ctr. Obst aufgeschüttet werden und täglich 35—40 Pfund Dörrobst erzielt werden können. (Taf. I. Fig. 1, 2, 3.)

1) Die kleine Herdobstdörre.

Für gewöhnliche bürgerliche wie bäuerliche Haushaltungen ist es von großem Werth, ohne namhafte Kosten für Heizung und Dörreinrichtungen auf eine einfache Weise sich in obstreichen Jahren einige Simri gedörrtes Obst für den Winter, wohl auch einen kleinen Vorrath für mehrere Jahre zu bereiten. Hiefür große Kosten für eine Dörre, die vielleicht kaum drei bis vier Wochen gebraucht wird, aufzuwenden, lohnt sich nicht; auch wird eine solche Dörre gar häufig sehr zur Last, wenn sie einen besonderen Raum beansprucht und gewöhnlich muß doch in jedem Obstjahre der Maurer wieder kommen und Manches vor Beginn des Dörrens repariren.

Mittelst der nachfolgend beschriebenen Einrichtung ist diese Unannehmlichkeit zu beseitigen und man kann sich sowohl ausgezeichnet schönes und rauchfreies, als auch ein ziemliches Quantum Dörrobst auf leichte Weise verschaffen. Auch ist die Mühe und der Holzaufwand verhältnißmäßig gering.

Soll die Dörre als Herbdörre gebraucht und die Hitze des Herdfeuers zum Dörren mitbenutzt werden, was sehr vortheilhaft ist, so wird der Herd in einzelnen Fällen etwas zu diesem Nebengebrauch abgeändert werden müssen. Aber auch der Dörrkasten wird oft seine Form und Größe nach Maßgabe des Herdraumes, welcher entbehrt werden kann, und nach den Herdlöchern, erhalten müssen.

Zunächst will ich die auf dem Herde in meiner früheren Wohnung in Hohenheim 6 Jahre lang bestandene Einrichtung, die sich recht gut bewährt hat, hier kurz beschreiben.

Unter dem hinteren Theile der Herdplatte, auf welche die Dörre aufgestellt wurde, befand sich ein hohler Raum von 3″ 3‴ Höhe, in dessen Mitte eine Reihe Klucker (Backsteine von 3″ 3‴ Höhe, 2″ 5‴ Dicke und gewöhnlicher Länge) eine Art Zunge bildeten, wodurch ein getheilter Heizkanal entstand, in welchem der ganze vom Herdfeuer abgehende Rauch sich unter der einen Hälfte der Dörrplatte hin- und daneben wieder unter der anderen Hälfte zurückziehen konnte, wonach der Rauch durch ein Rohr in den Kamin geführt wurde. Diese Eisenplatte zum Dörren war 2½′ breit und eben so lang. Neben der Oeffnung, durch welche der vom eigentlichen Feuerungskanal, wo die Kochhäfen befindlich, abgehende Rauch in diesen Dörrkanal eintrat, befand sich aber auch ein kleines Schürloch, wo direct unter der Heizplatte zum Dörren auch noch besonders etwas Feuer gemacht werden konnte und mußte, sobald das Herdfeuer aufgehört hatte zu brennen und zu wirken.

Diese beiden flachen, aber ziemlich breiten Heizzüge unter der Eisenplatte gaben eine bedeutende Wärme nach oben ab, die so stark war, daß man, um nicht das Obst der Gefahr des Verbrennens auszusetzen, die Eisenplatte ½″ dick mit Sand bestreuen mußte. Dieser Sand muß gut ausgewaschen und staubfrei sein.

Auf diese Eisenplatte wurde der hölzerne Dörrkasten gesetzt. Derselbe hat genau die Einrichtung des später beschriebenen und abgebildeten Dörrkastens und ist von einer der Eisenplatte entsprechenden Größe. Derselbe mißt in der Breite 2′ 3″, in der Länge 2′ 5″ und ist 1′ 2″ hoch. Es befinden sich in ihm 8 Dörrschubladen, je 4 übereinander, in zwei Reihen neben einander.

Diese Herddörre wurde auf die Eisenplatte nicht direkt aufgesetzt, sondern es wurden schmale Stücke Ziegelstein auf die Platte in Lehm gelegt und so ein Damm gebildet, auf welchem der Dörrkasten aufgesetzt, resp. eingedrückt wurde. Dieser Damm muß sich überall da herum ziehen, wo der Dörrkasten mit der Eisenplatte in Berührung kommt, also ringsum und mitten durch gehen.

Der Holzverbrauch war, wenn 18 Stunden lang fortgedörrt wurde, neben dem Herdfeuer täglich etwa 12—15 buchene, wie gewöhnlich zum Einheizen gespaltene Holzscheiter und einige Stücke Torf.

In dieser Zeit wurden Aepfel und Birnen gewöhnlich ganz fertig gedörrt, Zwetschen brauchten etwas länger, Kirschen dörrten in 8—10 Stunden.

Außer Obst wurden Bohnen, Küchenkräuter ꝛc. auch in dieser Dörre gedörrt.

Meine Herddörre hat in ihren 8 Schubladen einen Quadratraum von 20 ☐ Fuß.

Da das halbgedörrte Obst nur halben Raum braucht, so bedarf man, um fortwährend die Dörre zu füllen, immerhin täglich das doppelte Quantum des oben genannten Obstes.

Um das Obst zum Dörren vorzubereiten und namentlich auch, um viel Zeit zu ersparen, wird ein neues Verfahren angewendet, welches sehr zu empfehlen ist.

Dieses Verfahren ist folgendes: Es werden die geschälten ganzen oder geschnitzelten Aepfel, sowie die ganzen geschälten oder ungeschälten, oder in Stücke zerspaltenen Birnen in glasirte, nicht zu hohe Töpfe gethan, auf deren Boden ein wenig Wasser kommt und mit den Obstschalen oder einem irdenen (nicht eisernen) Deckel zugedeckt und dieser Topf in ein Brat- oder Backöf'chen gestellt und so lange darin gelassen, bis die einzelnen Früchte oder Schnitze so weich sind, daß sie mit einem Strohhalme ohne Beschwerde durchstochen werden können. Dieß ist bei vielen Aepfeln schon nach fünf Minuten, bei Birnen in 10—15 Minuten der Fall.

Diese auf solche Weise in ihrem Dampf bereits mürb gekochten und weich gewordenen Früchte werden dann in die kleine Dörre gebracht und bei mäßiger Hitze vollends gedörrt. Die Luftlöcher im Deckel des Dörrkastens müssen natürlich dabei geöffnet werden.

Man kann auch die Dörre, eine größere oder kleinere, so aufstellen, daß vom Herd aus durch ein Rohr der Herbrauch und die abgehende Wärme unter die seitwärts dicht neben dem Herd befindliche Dörre geleitet wird und dort in einem besonderen flachen Kanale unter einer Sturzplatte sich verbreitet, auf der die Dörre aufsteht und die 3″ oberhalb der Eisenplatte sich befindet, unter der dann die Heizung ist, und zwar in der gleichen oder ähnlichen Weise, wie sie bei der größeren Dörre beschrieben und abgebildet ist.

Es kann aber häufig die Gelegenheit zu dem Anbringen der Dörren auf dem Herde nicht geboten sein und man will doch nur eine kleine derartige Einrichtung in der Küche, neben dem Herde oder sonst wo anbringen, die wenig Kosten verursachen soll, und leicht und schnell aufzurichten ist. Hiezu empfehle ich folgende Einrichtung, die ich hier aufgestellt und welche ich Schnelldörre für gewöhnliche Haushaltungen genannt habe.

2) Die gemauerte Schnelldörre für gewöhnliche Haushaltungen.
(Taf. I. Fig. 4.)

Man läßt entsprechend dem Raum aus starkem Eisenblech den ganzen Heizcanal mit Unterseite und Decke anfertigen und auf beiden Flächen dann alte Ofenplatten befestigen, während die Heizung (Wolf) die Seitenwände und die Zwischenwände nur aus starkem Eisenblech bestehen. Die Heizung sieht dann genau aus wie Fig. 5, wenn man sich die sämmtlichen Wände von Eisen und ebenso die inneren Gänge von Eisen statt von Mauerstein denkt.

Die Größe dieser Heizung bestimmt die Größe der Dörren und kann die Dörre etwa 3′ lang und 2½′ breit sein, wie eben der Platz in der Küche dazu da ist. Man stellt die Heizung etwa 2½′ vom Boden, daß der Dörrkasten, der darüber kommt, eine recht bequeme Höhe hat.

Dieser Heizkanal wird nun an einem passenden Raum so eingemauert, daß derselbe nur an seinem vordern Theil und an dem entgegengesetzten andern Ende von Backsteinen umschlossen ist, an den Seiten aber frei bleibt, d. h. daß er von den Einfassungsmauern, die sich an der Seite hinaufziehen, nicht berührt wird. Die 4 Mauern werden bis ¾′ über den Heizkanal ringsum in die Höhe geführt und darauf nun der hölzerne Dörrkasten gesetzt. Durch den unter dem Canal befindlichen Raum, der zugleich als Aschenloch dient, bringt stets Luft zu dem Dörrkanal, welche sich hier stark erhitzt und das Trocknen des Obstes vermittelt, während die feuchte Luft durch Dampfabzuglöcher im Deckel des Dörrkastens abgeleitet wird. In dem untern Theil der 4 Mauern werden einige Oeffnungen gelassen (b, c.), durch welche kalte Luft einströmt, die an dem Heizkanal erhitzt, die darüber befindlichen Dörrhurden durchzieht und sehr schnell und gut dörrt. Die Heizkanäle werden wie bei den anderen Dörren mit Sand bestreut, welcher gut gewaschen und nicht staubartig sein soll.

Da wo hölzerne Dörrkästen nicht beliebt werden oder nicht anzubringen sind, werden die Seitenmauern und die Rückmauer so hoch geführt, daß, nachdem über dem Heizkanal 7—8″ Raum ist, die erste Dörrhurde zu stehen kommt und darüber noch 3 Hurden gebracht, also im Ganzen 4. Der obere Boden (Deckel der Dörre) wird von starkem Holz gefertigt und außerhalb mit Blech beschlagen, so auch die Thüre.

Die hiesige so eingerichtete Schnelldörre hat folgende Maße: Höhe 3½′, Tiefe 3′, Breite 2¾′. Bei 2′ über dem Boden liegt der eiserne Heizkanal. Der Raum unter demselben ist hohl und enthält nur unter der Heizung das Aschenloch. Durch eine Oeffnung am Boden wird stets Luft zugeführt, welche sich an den heißen Eisenplatten der Dörre erhitzt und als heiße trockene Luft sodann in die Dörre eintritt.

Der Dörrraum enthält wie gesagt 4 Hurden übereinander.

Wird nicht gedörrt, so dient der Dörrraum als ein Aufbewahrungskasten und die ganze Dörre als Tisch, indem die oben befindlichen Dampfabzüge weggenommen und Schieber über die Oeffnungen gebracht werden.

Eine solche Dörre kostet etwa alles zusammen 22—25 fl. und dörrt ganz ausgezeichnet gut und schnell. Aus letzterem Grund darf aber nur langsam und zwar mit Lohkuchen, Torf oder mit wenigem hartem Holz, nicht aber mit Tannenholz oder Steinkohlen geheizt werden, da sonst die Früchte gar leicht verbrennen würden.

3) Die größere Obstdörre für Haushaltungen.
(Taf. I. Fig. 5—9.)

Die beigegebenen Abbildungen zeigen ein sehr deutliches Bild dieser Dörreinrichtung, welche sich für größere Haushaltungen, zum Aufstellen in Gemeindebackhäusern, Waschhäusern, geräumigen Küchen sehr gut eignet, und da sie durchaus nicht schwierig aufzustellen ist, nach Vollendung des Dörrgeschäfts weggenommen und irgendwo aufbewahrt werden kann. Das ganze Geschäft des Aufstellens der Dörre, nämlich das Aufmauern der Heizung und Aufstellung des Dörrkastens, nimmt nur 1—2 Maurertagelohne in Anspruch.

Hier ist der Dörrkasten von der Heizung ganz getrennt.

Wir wollen zuerst den Dörrkasten näher betrachten.

Derselbe mißt in der Höhe 15″, ist 36″ breit und hat eine Länge von 4 Fuß. Er enthält zwei neben einander liegende Reihen von je 4 Schubladen, welche ein hölzerner, von gut in einander gefügten Brettern gebildeter Kasten ohne Boden umschließt, der an der Vorderseite durch zwei mit Charnierbändern befestigte Thüren abgeschlossen ist. Eine Zwischenwand theilt die Dörre in zwei gleich große Hälften, von denen die eine, die über der Heizung befindliche, die heißere, die andere, neben der Heizung liegende, um einige Grade weniger heiß ist.

In dem, den Dörrkasten nach oben abschließenden Brett sind für jeden Dörrraum 4 Oeffnungen, durch welche die feuchte Luft abgeleitet werden kann, und welche durch Schieber oder, wie hier, durch eine verschiebbare Latte verschlossen und nach Belieben mehr oder weniger geöffnet werden können; noch besser sind $1\frac{1}{2}$″ weite, 1′ hohe Röhren, welche auf die Löcher aufgesetzt werden, da dieselben den Dampf noch schneller ableiten und zugleich den Zutritt kalter Luft von oben in den Dörrraum verhindern.

Mit diesen Dunst abführenden Oeffnungen korrespondiren andere Oeffnungen, welche unterhalb des Dörrkastens und dicht über der Heizung (Fig. 8 e) angebracht sind, durch welche heiße, trockene Luft einströmt. Auch diese können nach Bedarf durch eingefügte Steine geöffnet oder geschlossen werden.

Um aber auch von einer jeden Schublade die sich ent= wickelnden Wasserdämpfe schnell abzuleiten, befinden sich in jeder Latte, welche den Dörrschubladen oder Hurden als Unter= lage dient, ebenfalls da, wo oberhalb jene vier Oeffnungen sind, Aus= schnitte, durch welche der Dampf leicht in die Höhe geführt werden kann, wie dieß Fig. 8 hh der Abbildung näher angibt.

Die Hurden oder hier richtiger Dörrschubladen sind höchst einfach eingerichtet; sie bestehen aus vier gut verbundenen dünnen Latten und haben als Boden dünne, hölzerne, runde oder 6= oder 8eckige Stäbe, wie gewöhnliche Blumenstäbe geschnitzt, ungefähr von der doppelten Stärke eines Bleistifts, welche, wie es beliebt, der Länge oder der Breite nach angebracht werden können. Bei der Länge nach laufenden Stäben werden diese auf die drei unteren Quer= leisten aufgenagelt (Fig. 7).

Breite kleine Latten taugen durchaus nicht, trotzdem, daß man solche noch häufig findet, da hier die zu dörrenden Früchte zu fest aufliegen und die Luft zu wenig Durchzug hat.

In der Holzmanufaktur in Alpirsbach, O.A. Oberndorf, wurden früher solche Dörrhurden mit eckigen Stäben gefertigt der □Fuß etwa zu 8 kr. Es kostete eine Schublade 4' lang und 1½' breit 48 kr.

Ein häufig vorkommender Fall ist aber, daß man Dörrhurden bereits besitzt oder solche von andern Dörren erwerben kann. Diese lassen sich gar wohl zu einer solchen Dörre verwenden, indem man den Dörrkasten nach ihnen einrichtet und denselben ¼' breiter und länger, als die vorhandenen zu zwei neben einander gelegten Dörrhurden messen, macht und die Höhe so einrichtet, daß gerade vier dieser Schubladen über einander zu liegen kommen, wobei aber immer mindestens 1—1½ Zoll Zwischen= raum von einer zur andern Dörrhurde bleiben muß.

Der hier abgebildete und so eben beschriebene Dörrkasten kann, wie schon angedeutet, in Länge oder Breite, nach Bedürfniß oder Wunsch verändert werden.

Nun wollen wir die Heizung betrachten (Fig. 5). Es ist hier ein horizontaler Heizkanal mit mehreren Zügen, der die Wärme unter einer Eisenplatte hin führt, welch letztere diese in den Dörrraum abgibt. Dieser Kanal, dessen Züge aus der beigefügten Zeichnung sehr deutlich ersichtlich sind, hat bei dieser Dörre im Ganzen eine Länge von 12 Fuß. Er ist gebildet durch auf eine Steinplatte oder einen Boden von Ziegelsteinen, die in Lehm gelegt sind, aufgestellte Klucker (Backsteine 3″ 3‴ hoch und 2″ 5‴ dick, also etwas dicker wie die gewöhnlichen Mauersteine), und demnach ist die innere Höhe des Kanals 3″ 3‴ Dec.-Maß. Die die inneren Züge bildenden Klucker werden oben an beiden Seiten etwas zugespitzt, damit die Eisenplatte möglichst gleichmäßig die Wärme erhalten kann, wodurch dann unten schmälere und oben breitere Kanäle entstehen, welche eine stärkere Wärmemittheilung in dem Dörrraum ermöglichen.

Der erste Kanal zunächst der Heizung hat die doppelte Breite der zwei andern Züge, er ist fast 2′, die andern jeder nahezu 1′ breit.

Die Feuerung selbst ist sehr einfach; jedes nicht zu große Schürloch von einem Herd, mit Rost versehen, könnte dazu dienen, oder man könnte den untern Kasten eines Circulirofens so anbringen, daß seine ganze Hitze sich in den Kanal zöge, so wäre die Heizung fertig. Ein solcher, und zwar mit Backsteinen ummauerter Ofen wäre in jeder Hinsicht zu empfehlen, sehr schnell aufzusetzen und wegzunehmen.

Wesentlich ist aber, daß von dem Wolf oder dem Heizloch eine kurze und rasche Steigung des Rauchs in den Heizkanal stattfindet, damit ersterer gut durchziehe und seine Hitze an der Eisenplatte recht vollkommen abgeben könne.

Es können gute alte Eisenplatten von Oefen oder Herden recht wohl für diese Heizung dienen, nur nicht zu dünne Platten und niemals bloßes Sturz- oder Eisenblech. Letzteres wirft sich und leidet die Wärme nicht gleichmäßig, wie ich dieß bei einem früheren Versuche fand.

Es ist jedenfalls gut, insofern man, wie es bei altem Material gewöhnlich der Fall sein wird, mehrere Eisenplatten neben einander legen muß, diese mit schmalen Blechstreifen zu verbinden.

Auf diese Eisenplatte wird nun ringsum eine Reihe Klucker flach aufgelegt, natürlich in Lehm, sowie eine solche Lage mitten über die Eisenfläche hin gebracht und auf diese kommt eine Lage von Lehm mit etwas Asche und Ziegelmehl vermischt und in diesen Kitt drückt man nun den hölzernen Dörrkasten ein, so daß er gut festsitzt. In einige der unten liegenden Klucker werden Löcher eingehauen (8 ee), die zur

Zuleitung trockener Luft dienen, welche sich, indem sie über diese sehr heißen Steine geht, erhitzt, als heiße trockene Luft in den Dörrraum eintritt und eine Luftströmung veranlaßt, die zum Dörren wesentlich ist. Diese Oeffnungen werden nach Bedarf geöffnet oder mittelst passender Steinstücke geschlossen.

Auf der ganzen Eisenplatte wird ½ Zoll hoch gut gewaschener, staubfreier Sand aufgestreut, der einestheils eine zu starke Ausströmung der Hitze mäßigt, anderntheils verhindert, daß etwa herabfallendes Obst oder herabträufelnder Saft auf die heiße Platte falle und verbrenne, wodurch das ganze Obst einen brenzlichen Geruch erhalten würde, auch die Dörrschubladen leicht verbrennen können.

Der Rauch, der aus dem Heizkanal abzieht, wird durch ein Ofenrohr abgeleitet und in den Schornstein geführt.

Wir fügen nun in Folgendem einige Gutachten über letztere Dörre bei:

1) **Von Herrn Schultheiß Eberhardt in Linsenhofen.**

„Da ich überzeugt bin, daß es Sie interessirt, Nachricht über meinen neu erbauten Dörrofen, den ich nach dem von Ihnen erhaltenen Modell fertigen ließ, zu erhalten, so beehre ich mich, Ihnen mitzutheilen, daß der Dörrofen allen Wünschen vollkommen entspricht; die Kirschen sind in 7—8 Stunden vollkommen fertig, der Holzverbrauch sehr mäßig und die dürre Waare ausgezeichnet schön und vom besten Geschmack.

Ich ließ dieser Tage die zwei großen, nach älterem System im hiesigen Gemeindebackhaus befindlichen Dörröfen wieder repariren und sogleich in Thätigkeit setzen; so froh man aber früher an denselben war, so will sie jetzt Niemand mehr, da man ungleich mehr Holz braucht und unter 20—24 Stunden die Kirschen nicht fertig bringt."

Weitere gefällige Angaben über diese Dörre, die mir der Schreiber obiger Mittheilung bei einem Besuche zu machen so freundlich war, mögen zur Ergänzung und Bestätigung dieser frühern Nachricht dienen. Zugleich muß ich bemerken, daß die vorgezeigten gedörrten Kirschen den ungetheiltesten, allgemeinsten Beifall fanden und von Jedermann als „ganz ausgezeichnet schön" bezeichnet wurden.

Der Dörrofen ist 4′ 4″ lang, 3′ 5″ breit und 1½′ hoch. Der Holzverbrauch ist, auf die Waare, die gedörrt wird, berechnet, etwa halb so groß, wie sonst. Der Heizkanal erhielt zur Erlangung eines schnelleren Zuges eine keine Steigung und die Dampfabzugslöcher im Deckel wurden vergrößert und ungefähr 1½ Zoll weit gemacht, da der schnelle Abzug der nassen Dämpfe sich als Hauptsache, besonders beim Kirschendörren, gezeigt hat. Durchschnittlich wurden bei einigem Fleiß und Aufmerksamkeit immer in 8 Stunden die Kirschen gedörrt. Was den Preis der Dörre anbetrifft, so kam eine ganz neue Dörre von dieser Größe auf 36—40 fl. Auf die Frage nach dem Absatz der gedörrten Kirschen theilte man mit, daß dieselben zu 12½—14 fl. per Centner von einem Händler aufgekauft worden seien, bereits aber Bestellungen, à 16 fl. pro Centner, gemacht würden. Ein solcher Händler habe allein in einem Tage für 3000 fl. dürre Kirschen aufgekauft.

2) Von Herrn Schultheiß Claß in Beuren erhielt ich über die dort eingerichteten Dörren folgende Notizen:

„Die nun dort eingerichtete Dörre hat eine Breite und Länge von je 4′ und eine Höhe von 1′ 8″ 5‴. Sie ist ganz, wie das Modell es angegeben, eingerichtet, nur wurde zwischen der Eisenplatte und der ersten Schublade ein Raum gelassen, welcher 7 Zoll beträgt, und in den Leisten, auf denen die Schublaben laufen, in gerader Richtung von der untersten Leiste an und auf die Luftlöcher oben hinzielend, zur besseren Ableitung der feuchten Dämpfe längliche schmale Oeffnungen eingeschnitten. In einem gleichen Dörrkasten, ohne solche Zuglöcher an den Schublaben, dörrten die Kirschen nicht so gut. Ein weiterer Grund der minder guten Wirkung außer dem Mangel an diesen Oeffnungen mag auch darin zu suchen sein, daß die Schublaben hier zu nahe übereinander laufen, was wohl zu beachten ist. In einem Dörrkasten mit nur auf jeder Seite 3, also im Ganzen 6 Schublaben, und jenen seitlichen Dunstabzügen dörrten die Kirschen so gut, daß immer die ganzen Schublaben auf einmal nach ca. 6 Stunden Dörrzeit abgeleert werden konnten, ohne daß noch ungedörrte Früchte vorhanden gewesen wären.

Der Verbrauch beträgt etwa die Hälfte gegen das hier gebräuchliche Dörren im Backofen. Die durchschnittliche Dörrzeit war 6—8 Stunden; bei der mit den Zuglöchern eingerichteten Dörre wurde sogar in 5—6 Stunden vollkommen abgedörrt. In Beuren kostete eine Dörre ganz neu mit Kasten von eichenem Holze 28 fl., von altem Material etwa 16—18 fl.

Diese Dörren befriedigen sehr und finden solchen Beifall, daß in der nächsten Zeit wenigstens 20 allein in Beuren eingerichtet werden, namentlich auch zum Zwetschenbörren."

Herr Schultheiß Claß hat nun später bei vollständiger Beibehaltung der Heizungszüge, den Dörrkasten von Backsteinen aufmauern und je 4 runde, eiserne Stäbe durch die ganze Dörre quer durchgehen lassen, auf welchen die Schubladen laufen. Er rühmt diese Einrichtung ganz besonders als sehr praktisch.

4) Neue Gemeinde-Obst-Dörre.
(Taf. I, Fig. 1, 2 und 3.)

Im nachfolgenden gebe ich eine genaue Beschreibung einer von mir im Jahr 1860 construirten Gemeindeobstdörre, welche sich in nunmehr bald 10jährigem Gebrauch als ganz vorzüglich bewährt hat und auch nach stattgehabter technischer Prüfung Seitens der K. Staatsbehörde einer öffentlichen Belobung für würdig erkannt wurde. Inzwischen sind solche Dörren auf meinen Rath und nach meinen Angaben in verschiedenen Orten errichtet worden und alle darüber eingelaufenen Nachrichten bestätigen einstimmig die ausgezeichneten Leistungen derselben.

In Folge einer anderweitigen Benützung des früheren Dörrlocales mußte die erste Dörre 1862 in einem andern Raum neu errichtet werden; ich mußte dabei nicht die kleinste Abänderung mehr anzubringen und wüßte auch heute nach neuen wiederum gemachten vielfachen Erfahrungen nichts daran zu verbessern.

Vergleiche ich diese Dörre mit allen den mir inzwischen bekannt gewordenen neuen Dörreinrichtungen, so muß ich bei der unparteiischsten Beurtheilung bekennen, daß sie in Bezug auf die Einfachheit und den Preis ihrer Einrichtung, in Bezug auf ihre Leistungen, sowie in Bezug auf den sehr mäßigen Verbrauch von Heizmaterial nicht nur hinter keiner ihrer Schwestern zurücksteht, sondern dieselben jedenfalls in vielfacher Hinsicht mehr oder minder übertrifft.

Um übrigens nicht blos auf mein eigenes Urtheil zu fußen, füge ich einige Stellen aus mir zugekommenen Berichten und Gutachten bei.

Ich erlaube mir nun zunächst die Anforderungen, welche man an eine gute Gemeindeobstdörre zu machen hat, kurz zusammenzustellen, damit Jedermann um so sicherer beurtheilen könne, ob die neue Dörre denselben vollständig entspricht:

1) Dieselbe muß so eingerichtet sein, daß mehrere Gemeindeglieder zugleich, doch bei völlig abgeschlossenem Dörrraum und mit selbstständigen verschiedenen Feuerungen ihr Obst dörren können.

2) Die Feuerungen und deren Kanäle müssen gut heizen, guten doch nicht zu starken Zug haben, leicht zu reinigen und zu behandeln sein.

3) Die Feuerung muß so eingerichtet sein, daß mit aller Art von Feuermaterial (außer Koaks und Steinkohlen), also Holz, Holzabfällen, Lohkuchen, Treberkuchen, Torf, Reißach geheizt werden kann.

4) Es muß jede Dörre wenigstens 4—5 Simri = 150—180 Pfund grünes Obst aufnehmen und in längstens 24 Stunden vollständig abdörren und dazu höchstens an Feuermaterial im Betrag von 30 kr., also per Centner 12—15 kr. gebrauchen. Dies wären z. B. um 7 kr. (2 Sgr.) kleines Astholz und 80—100 Lohkäse, wie sie hier angewendet werden. Mit diesem Holzaufwand werden aber zugleich noch etwa $1/2$ Ctr. Obst halb gedörrt, welches nachgefüllt wird, so daß der wirkliche Holzbedarf für 5 Simri sich nicht höher als 28—36 kr. (8—10 Sgr.) berechnen darf.

5) Jeder Rauch muß von dem Innenraum der Dörre sorgfältig entfernt sein.

6) Die Schublaben müssen so placirt sein, daß das Dörren möglichst gleichmäßig erfolgt und bei gleich großen Früchten ein Auslesen möglichst erspart werden kann.

7) Die Wärme muß überall möglichst gleichmäßig wirken.

8) Für Abzug der feuchten Luft, sowie für eine fortwährende Luftströmung im Innenraum und gehörigen Zutritt trockener Luft muß Sorge getragen sein und letztere genau regulirt werden können.

9) Eine solche Dörre darf nicht über 56 fl. = 32 Thlr. kosten und muß in jeder Waschküche u. s. w., ohne zu viel Raum zu beanspruchen, aufgestellt werden können. Dieser Preis ermäßigt sich noch für jede Dörre, wenn mehrere an einander stoßend errichtet werden.

10) Es muß die Dörre in ihrer Konstruktion so einfach sein, daß sie jeder einigermaßen geschickte Maurer nach der Zeichnung oder einem Modell leicht herstellen kann und muß selbstverständlich den feuerpolizeilichen Vorschriften entsprechend eingerichtet werden können.

Beschreibung der neuen Gemeindedörre.

Von dieser Dörre, welche ganz den oben gestellten Anforderungen entspricht, gebe ich hier eine genaue Zeichnung. (Fig. 1, 2 und 3.)

Diese Dörre kann als einzelne, oder in Verbindung mit mehreren gleichen Dörren, als Gemeindedörre aufgestellt werden. Die Abbildung Fig. 1. zeigt 2 an einander gebaute solche Dörren; dieselben haben die Mittelwand gemeinschaftlich; so können 5, 10 und mehr Dörren an einander gebaut werden, wodurch die Wirkung jeder einzelnen Dörre nur noch erhöht wird. Die hier aufgestellte Musterdörre ist 5' 5" hoch, 2' 3" breit, 4' 5" tief und bedarf also eines Kubikraumes von 61,5 c'. In einer Waschküche mit einer Wand von 12' Länge können demnach 6 solcher Dörren aufgestellt werden (da 3" Seitenwandbreite je für 2 Dörren gelten).

Das Mauerwerk der Heizung besteht aus gewöhnlichen Mauersteinen, das der Wandungen des unteren Kanals und der Kamine aus Kluckern oder sogenannten Kaminsteinen (siehe pag. 8).

Jede Feuerung ist für sich abgeschlossen, hat als Thüre ein Schiebergestell (Fig. 1 a), einen Rost und Aschenloch (Fig. 2 und 3 b) und mündet, wie aus der Zeichnung ersichtlich, am Ende des Rostes ziemlich rasch steigend in den ersten Kanal ein. Diese Steigung ist erforderlich, um dem abziehenden Rauch die nöthige Schnelligkeit zu geben, daß er die 3 horizontalen Kanäle gehörig durchziehen kann. Auch findet bei dieser Einrichtung, da die Steinplatte, welche die Steigung sowie die eiserne Canaldecke bildet, sich ungemein erhitzt, eine nochmalige Verbrennung des abziehenden Rauches statt und die Folge ist ein nur sehr langsames Verrußen der Kanäle.

Der die Heizung umgebende Unterkörper (Fig. 1, 2, 3 l) ist mit trocknem Schutt und Steinbrocken gefüllt und bildet einen Nachwärmer, indem sich diese Masse allmählich erhitzt und ihre Wärme noch lange, nachdem das Feuer erloschen, in reichem Maße dem Dörraum mittheilt. Dieser Unterkörper ist oberhalb mit Dachplatten belegt und von 2 Reihen liegender Klucker begrenzt, welche die Umfassung des mit einer starken gußeisernen Platte bedeckten ersten Heizkanals bilden. Dieser ist 2 Fuß breit und nur 2½ Zoll hoch, also die Hitze sehr gespannt.

Fig. 2 zeigt bei q einen Stein, welcher mitten in diesen Heizkanal gelegt ist; derselbe ist ein gewöhnlicher Klucker und an beiden Seiten elliptisch zugespitzt. Er dient dazu, den Strom der Hitze zu theilen und ihn gleichmäßiger unter der ganzen Eisenplatte zu verbreiten; eine durchaus nothwendige Einrichtung.

Die Eisenplatte ist mit gutgewaschenem Sand überstreut. Dies ist absolut nöthig und sollte feuerpolizeilich stets geboten sein, indem jeder Stiel, jeder Tropfen Obstsaft, jeder Schnitz, der auf die Platte herabfällt, sofort glüht und Funken herumwirft, welche die Schubladen, selbst wenn sie 8" davon entfernt sind, entzünden. In der hiesigen städtischen Dörre, bei welcher die Schubladen sehr weit vom Heizkanal entfernt sind, brannte früher alle paar Tage eine Schublade an; seitdem Sand aufgestreut wurde, nicht mehr, obgleich das Dörren nicht im geringsten beeinträchtigt wurde. Ohne Sand würde da, wo das Feuer die Eisenplatte berührt, Alles verbrennen. Sand ist unersetzlich und absolut nöthig zur gleichen Wärmevertheilung, sobald das Feuer durch Eisenplatten seine Hitze direkt in den Dörrraum abzugeben hat.

Der Rauch steigt, nachdem er den Raum unter der Eisenplatte durchzogen, in einem schiefen kleinen Kamin an der Hinterwand der Dörre in die Höhe und tritt in den $1\frac{1}{4}'$ über dem ersten Heizkanal befindlichen zweiten Kanal ein. Dieser ist (wie auch der dritte) von starkem Sturzblech, $1\frac{1}{2}'$ breit und durch eine Zunge in 2 gleiche Theile abgetheilt; in der einen Hälfte zieht sich der Rauch nach vorn hin, in der andern wieder nach der Hinterwand zurück und tritt in ein zweites kleines Kamin, welches ihn senkrecht zum dritten Rauchkanal leitet, in welchem er in gleicher Weise zweimal den Dörrraum durchzieht und dann durch das Rauchrohr abgeführt wird.

Der Rauch macht einen Weg von 24 Fuß, bis er die Dörre verläßt und hat also Gelegenheit, seine Wärme möglichst zu vertheilen und abzugeben.

Diese 2 obern Heizkanäle ruhen hinten auf dem sie theilweise umschließenden Gemäuer, in der Mitte und vorn am Eingang aber ruhen sie auf 2 Eisenstäben (Fig. 3 h h.), die die Dörre wie sogenannte Schlautern durchziehen und ihnen zugleich Festigkeit geben.

Somit ist jede Dörre in drei Abtheilungen getheilt; jede derselben enthält 3 Dörrhurden von je 6 $\square'$ Flächenraum. Da diese Schubladen hier in der Größe fertig angekauft werden konnten, wurden sie nicht größer genommen. Es ändert dieß im Ganzen nichts. Es wäre nicht möglich gewesen, so schnell die Dörre in Stand zu bringen, wenn man neue Dörrhurden hätte bestellen müssen. Die Dörrhurden laufen auf Schieferplättchen; statt dieser dienen noch besser schmale Eisenstäbe von etwas starkem Bandeisen.

Jeder Dörrraum ist durch eine hölzerne Thür abgeschlossen, Fig. 1c, welche mit einer Schlagleiste versehen und möglichst gut schließend sein muß.

Der Hauptluftzug ist dicht über der Eisenplatte unten (Taf. 2 Fig. 1 i. i.) und die hier eintretende Luft durchbringt die 3 Dörrräume, erhitzt sich immer wieder bei jedem Heizkanal und tritt mit Feuchtigkeit gesättigt durch 2, je $2\frac{1}{2}''$ in Lichten messende hölzerne $2\frac{1}{2}'$ hohe

Kamine ins Freie, welche durch Schieber nach Belieben geöffnet oder geschlossen werden können. (Fig. 1 und 2 k. k.)

Die Dörre ist mit einem Deckel von Holz gedeckt; 2 Bretterböden sind über das Kreuz zusammengenagelt, so daß das Holz sich nicht verwerfen kann; eine steinerne oder eiserne Decke würde als guter Wärmeleiter einestheils viel Wärme wegleiten, anderntheils aber würden in Folge der schnell eintretenden Erkältung sich innen Tropfen bilden, welche das Dörren sehr verzögern und das Dörrobst verschlechtern.

Will man den unteren Raum der Dörre ganz abschließen, um z. B. das Obst zu schwelgen, so wird auf die 2 Eisenstäbe rechts und links des unteren Sturzkanals je ein Blechstreifen gelegt; diese Blechstreifen schließen den Luftzug nach oben ab und nun tritt eine sehr hohe feuchte Wärme ein, so daß das Obst schnell in seinem eigenem Dampf gesotten werden kann.

Hinsichtlich der Kosten der Dörre kann ich über die hier errichtete Dörre Folgendes mittheilen: Es kosteten 2 Eisenplatten (Ofenplatten), welche, nebeneinander gelegt, den unteren Zug bildeten (à ℔ 3½ kr.) . . . . 5 fl. 30 kr.
Rost und Schiebergestell . . . . 1 „ 45 „
Die zwei Züge von Sturzblech wogen jeder 25 ℔
 à ℔ 17 kr. . . . . 14 „ 10 „
4 Eisenstäbe zur Unterstützung der letzteren . . — „ 30 „
3 Thüren mit Beschlägen, Deckel und Dunst-
 röhren . . . . 4 „ — „
300 Stück Mauersteine und Klucker . . . . 6 „ — „
75 Stück Dachplatten als Laufleisten für die
 Schieber (Eisenstäbe kosten etwas mehr) . . 1 „ — „
Arbeitslohn zum Aufmauern: ein Maurer und ein
 Gehülf, jeder 1½ Tag, zusammen . . . . 3 „ 20 „
9 Schubladen, welche ich hier anzukaufen Gelegenheit
 fand à 30 kr., (sonst à 48 kr.) . . . . 4 „ 30 „
Dazu noch für Lehm, Gerstenageln und Nebenarbeiten 1 „ 15 „
Summa 42 fl. = 24 Th.

Ein Kaminrohr war bereits hier und solches könnte etwa noch auf 5 fl. berechnet werden, dagegen ermäßigt sich der Betrag um 5 fl., wenn man mehrere Dörren an einander errichtet, da die eine Seitenwand und die eingemauerten Ziegelplatten (als Laufleisten) für je 2 Dörren dienen.

Jedenfalls ist eine solche Dörre von den angegebenen Dimensionen für 30 Thaler gut und vollständig herzustellen Die hiesige Dörre liefert (blos beim Tagdörren, da ich Nachts gewöhnlich nicht fortdörren lasse) mit einem täglichen Aufwand von 24—28 kr. (7—8 Sgr.) für Heizung, circa 25—30 ℔ schönes Dörrobst täglich, wenn sie gehörig im Gange ist.

Ich bin bei dieser neuen Dörre ganz dem seither verfolgten erprobten System treu geblieben und habe dasselbe, möglichst dem Zweck entsprechend, angewendet; dieses ist, daß nur 3—4 Schubladen über einer wärmeausstrahlenden horizontalen Fläche sich befinden, daß ein mäßiger Luftzug, der geregelt werden kann, die Feuchtigkeit ableitet, und daß ein Theil der Dörre ganz geschlossen werden und dazu dienen kann, das Obst in seinem Dampfe zu sieden, welches das Dörren selbst wesentlich erleichtert und ein weit besseres, schmackhafteres Produkt erzeugt.

Anstatt dieses sonst immer nothwendigen Schwelgens des Obstes in der Dörre wende ich folgendes Verfahren an, welches ein stets ausgezeichnetes Resultat liefert und namentlich sehr hochgültiges, sich gut haltendes und schönes marktfähiges Dörrobst unter Anwendung der beschriebenen Dörre liefert, wobei zugleich die Dörrzeit um $^1/_5$ gegen sonst abgekürzt werden konnte und das Obst auch gleichmäßiger ausdörrte.

Ich ließ die zum Dörren bestimmten Früchte — meist mit der Reutlinger Obstschälmaschine geschält und geschnitzelt oder auch ganz gelassen — in einen gewöhnlichen rein gewaschenen Korb legen, der so groß war, daß er bequem in einen Waschkessel eingestellt werden konnte. Der letztere wurde etwa $^1/_4$ seiner Höhe mit Wasser versehen und dieses nun zum Sieden erhitzt. In das Wasser wurde ein Dreifuß gestellt, worauf der Korb mit dem Obste so zu stehen kam, daß das sprudelnde siedende Wasser die Früchte nicht erreichen konnte. Der Deckel wurde nun aufgelegt und durch ringsum belegte feuchte Tücher der Dampf am Entweichen verhindert.

In diesem Dampf wurden nun die Früchte so weit weich gesotten, daß man mit einem Strohhalm konnte gut bis zum Kernhaus bohren. Bei Aepfeln, namentlich säuerlichsüßen, tritt dieser Punkt bald ein (oft schon nach 6—8 Minuten, die sie in voller Dampfhitze zugebracht), bei Birnen und Süßäpfeln gewöhnlich nach 10—12 Minuten. Hier muß Uebung den richtigen Zeitpunkt bestimmen helfen, die Früchte aus dem Dampf zu nehmen.

Dieselben werden nach diesem Schwelgen im Dampf auf die Hürden gebracht, man läßt sie einige Stunden (oder auch nur $^1/_2$ Stunde, wenn die Dörre gerade leer ist) an der Luft abtrocknen und bringt sie in die Dörre, wo das Dörren dann weit schneller und besser von Statten geht als ohne dieses in Dampf Schwelgen.

Durch dieses Dämpfen krystallisirt sich auch Zucker (bei den Birnen) an die Oberfläche und erhalten die Früchte dadurch ein halbdurchsichtiges sehr schönes Ansehen.

Zwetschen werden natürlich nicht so behandelt, da ihre Haut springen und sie viel Saft verlieren würden.

Wir wollen über diese neue Gemeindeobstdörre ebenfalls einige Gutachten, welche auf sicheren Erfahrungen basiren, hier anfügen:

1) Herr Stadtpfleger Daube in Sindelfingen, welcher eine größere Dörre nach der in Rede stehenden Construktion für diese Stadt errichten ließ, die 6 einzeln neben einander stehende Dörren enthielt, schrieb darüber:

„Mit den Leistungen der Dörre ist man hier äußerst zufrieden gewesen, da bei wenig Holzverbrauch in kurzer Zeit viel gedörrt werden konnte. Ich besuchte die unter meiner speciellen Leitung gebaute Dörre fast täglich, um von deren Leistung und Behandlung mich selbst zur Genüge zu überzeugen und fand, daß sie bei geeigneter Behandlung viel und schöne Waare liefert. Es wurden hier im Durchschnitt 30 Simri (10—11 Ctr.) grünes Obst täglich gedörrt, Kernobst war durchschnittlich nach 18—20, Zwetschen nach 24—26 Stunden vollkommen gedörrt. Viele Einwohner, welche von der Dörre Gebrauch gemacht, sprachen ihren Dank für diese wohlthätige Einrichtung aus. — Zur Feuerung wurde neben Holz vorzüglich Torf und Gerberlohe benutzt."

2) In ähnlicher Weise sprach sich das Schultheißenamt in Rommelsbach OA. Tübingen über die dort errichtete derartige Dörre aus mit dem Bemerken, daß der Aufwand für die Errichtung der Dörre durch die Pachtgelder für Dörren in einem Herbste fast vollständig gedeckt wurde, und daß sich die Leute ordentlich darum stritten, wer zuerst dörren könne und sehr gerne die angesetzte Dörrmiethe zahlten.

3) Aus einem Schreiben des Gutsbesitzers Lang in Pfünz in Bayern am 12. Sept. 1868: „Zur großen Freude gereicht es mir, Ihnen mittheilen zu können, daß die nach Ihrer Angabe gebaute Obstdörre sich ausgezeichnet bewährt."

4) Gutachten des Lehrers Arnold in Löhndorf, Sektionsvorsteher für Garten- und Obstbau der Lokal-Abtheilung Ahrweiler.

„Die Lokal=Abtheilung Ahrweiler des landwirthschaftlichen Vereins für Rheinpreußen setzte vor 3 Jahren eine Prämie von 25 Thaler für diejenige Gemeinde oder einem Privaten aus, welche eine zweckmäßige, allen billigen Anforderungen entsprechende Obstdörre erbauen würden. Sie kam jedoch nicht in die Lage die Prämie auszahlen zu können, da sich keine Dörre vorfand, welche zweckentsprechend gewesen wäre. Auf meine Veranlassung bezog der Vorstand nun im vorigen Frühjahre ein Modell der Lucas'schen Gemeindeobstdörre und ließ sich der Direktor der Lokalabtheilung, Hr. Rittergutsbesitzer Krewell in Bettelhoven, sogleich eine solche aufbauen. Bei der überreichen Zwetschen-Ernte des vorigen Herbstes (1868) mußte sie nun sofort die Feuerprobe aushalten und übertraf die Leistungsfähigkeit alle Erwartungen, so daß sich vier andere Private ungesäumt ebenfalls solche Dörren erbauen ließen. Bei Gelegenheit der Herbst=Generalversammlung des Vereines in Sinzig wurde das Modell ausgestellt und ermunterte Herr Krewell die Versammlung, diese Dörre überall zu verbreiten, da selbige Alles leiste, was man von einer durchaus guten Dörre verlangen könne. Im Vergleiche mit den andern bekannten Dörren zeigten sich folgende Vortheile: 1) Das Obst werde gleichmäßig gedörrt; 2) geschehe das Dörren in einer verhältnißmäßig kurzen Zeit; 3) habe man nicht zu befürchten, daß das Dörrobst verbrenne; 4) sei nur ein ganz kleiner Aufwand von Heizmaterial erforderlich und 5) sei das gedörrte Obst eine sehr gute Marktwaare, indem dasselbe weder mit Asche, Rauch oder dergleichen in Berührung komme und ein durchaus edles Aussehen zeige, die einzelnen Früchte seien gleichsam mit Zucker überzogen."

Bis zum kommenden Herbste (1869) werden die meisten Gemeinden unseres Kreises, worin der Obstbau in größerem Umfange getrieben wird, im Besitze solcher Dörren sein. Die Kosten der Herstellung einer solchen Dörre belaufen sich auf 25 Thaler.

5) Die Issartier'sche Dörre.

Wir dürfen einen neu construirten Obstdörrofen zu erwähnen nicht vergessen, welcher auf der Pariser Ausstellung 1867 prämiirt wurde. Er ist von Dr. Issartier in Montségur construirt und in der Zeitschrift für die Landw. Vereine des Großherzogthums 1869, Nr. 1, beschrieben und abgebildet. Derselbe ist rund, hat ein kegelförmiges Dach und hat einen Durchmesser von 12½', während dessen Höhe (über dem Boden) mehr als 20' beträgt. Die

Erwärmung geschieht durch eine, unter einer Eisenplatte befindliche, Heizung, sowie durch hohle, ebenfalls als Wärmecanäle eingerichtete Wandungen und durch einen dem Obertheil der Mauern entströmenden, nach unten gehenden, warmen Luftzug.

Der Innenraum enthält ein Gestell für 60 Schubladen, in 6 Etagen über einander befindlich, welche dreieckig sind und auf einem drehbaren Gestell sich befinden, so daß eine Oeffnung genügt, dieselben herauszunehmen und wieder einzuschieben. Die ganze Dörre ist auf circa 400 Thlr. (700 fl.) veranschlagt; die Dörrfläche der Schubladen beträgt 250 ☐'.

Es läßt sich nicht läugnen, daß die Idee, welcher dieser Dörreeinrichtung zu Grunde liegt, eine sehr sinnreiche ist und alle möglichen Vortheile angewendet sind, allein der große Aufwand möchte schon hinreichen, von der Erbauung einer solchen Dörre für gewöhnliche Verhältnisse Umgang zu nehmen und könnten es wohl nur einzelne sehr große Dörranstalten sein, welche eine solche Dörre einrichten.

6) Die neue Aichelin'sche Dörre.

Herr Herdfabrikant Aichelin (Firma F. Flor in Stuttgart), hat im verflossenen Jahre eine Dörre construirt, welche manche Eigenthümlichkeiten und Vorzüge hat, weßhalb sie auch auf der internationalen Gartenbau-Ausstellung in Petersburg 1869, wo das Modell ausgestellt war, prämiirt wurde. Herr Aichelin liefert eine Dörre fertig für 150 fl.

Die Dörre ist ganz von Eisen und erhält, damit keine zu starke Wärmeleitung nach außen hin stattfinden kann, einen Mantel von Backsteinen, d. h. es werden die Wandungen und der Deckel mit Backsteinen ummauert, was ganz wesentlich ist.

Die Heizung geschieht durch 4 horizontal liegende eiserne Röhren. Die in der Mitte befindliche Heizung (der Wolf) mit Rost führt an ihrem Ende Flamme und Rauch in zwei 6" weite eiserne Röhren ein, welche den Rauch wieder nach vorn leiten und mit kleiner Steigung in zwei 5" weite eiserne etwas höher liegende Röhren einmünden, welche wieder zurücklaufen, sich hinten in der Dörre schräg nach oben ziehen und in einem Rauchrohr vereinigen.

Die Dörrschubladen sind ebenfalls von Eisen und mit Drahtgeflecht versehen und liegen solche in zwei Reihen neben einander je 8 über einander.

Die sich in den 4 Röhren und über der Heizung entwickelnde

starke Wärme durchdringt kräftig den Dörrraum und es soll diese Dörre bei mäßigem Holzverbrauch sehr gut dörren.

Die Breite der Dörre beträgt 4 Fuß, ihre Höhe 5 Fuß, die Tiefe 4 Fuß, der Heizraum ist 2 Fuß hoch, der darüber liegende Dörrraum 3 Fuß.

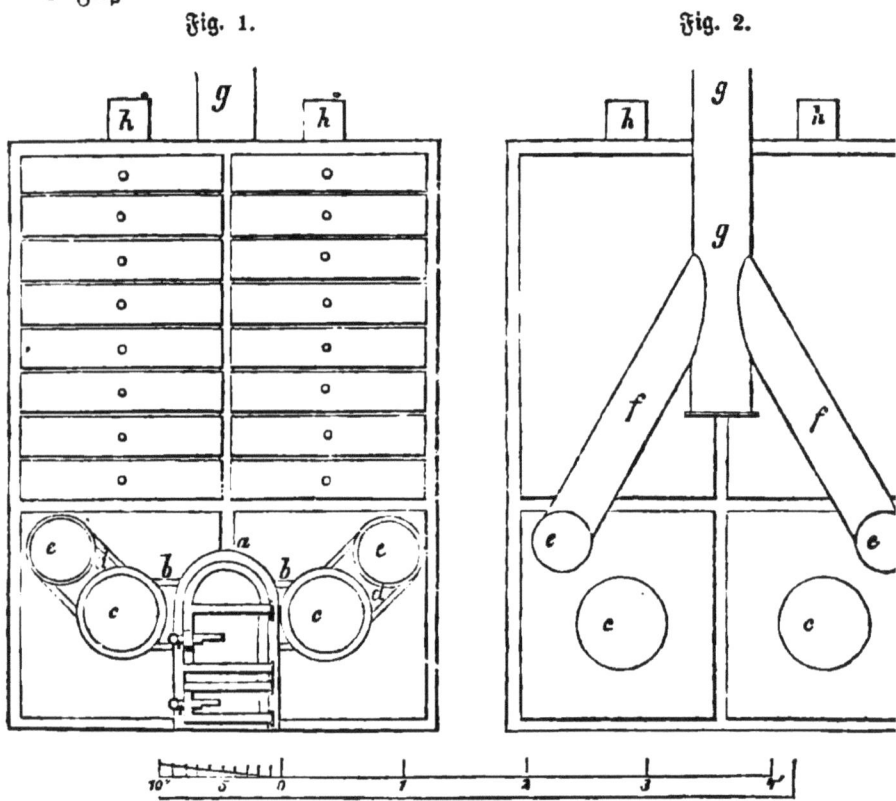

Fig. 1.   Fig. 2.

Es befindet sich eine solche Dörre von Hrn. Aichelin ausgeführt in Boll bei Göppingen und die dortige Oeconomieverwaltung äußerte sich brieflich sehr günstig über die Leistung derselben, gegenüber der älteren dort bekannten Dörre.

Die dort aufgestellte Dörre dieser Construktion ist übrigens kleiner, sie hat auf jeder Seite nur 7 Schubladen von 1′ 7″ Breite und 3′ 3″ Länge und wurde der Aufwand dafür auf circa 100 fl. angegeben. Das Schreiben schließt mit den Worten: Diese Dörre verdient mit Recht Empfehlung und Verbreitung.

Der Gedanke, die ganze Dörre fix und fertig aus Eisen zu errichten und dann nur mit Mauersteinen zu umkleiden, hat in der That vieles für sich, indem dann eine solche Dörre in 1 Tag vollkommen hergestellt werden kann, wenn sie am Platz ist, was in manchen Fällen von großem Werth sein kann, namentlich aber läßt sich diese ganze Dörre leicht nach Vollendung des Dörrens wegnehmen und im nächsten Jahre sehr schnell wieder aufstellen.

7) Ueber das Verfahren beim Dörren des Obstes.

Mancher wird, nachdem ich jetzt diese verschiedene Dörren möglichst deutlich geschildert, fragen, warum haben erstere beiden zwei vollständig geschiedene Hälften, von welchen die einen wärmer, die andere weniger warm gehalten wird? Hierauf die Antwort, daß dieß wesentlich ist, um recht schönes und vollkommenes Dörrobst zu erhalten.

Das Kernobst verlangt anfangs beim Dörren eine sehr hohe Temperatur und muß so zu sagen zunächst in seinem Dampfe sieden, wenn dasselbe ein recht feines und edles Dörrprodukt geben soll. Das feinste französische gedörrte Kernobst, besonders die herrlichen plattgedrückten Früchte, werden auf die folgende Art gewonnen, welche Methode die eben erwähnte Einrichtung der Dörre als eben so vortheilhaft als praktisch erscheinen läßt und welches Verfahren ganz ähnlich dem bei der kleinen Herbobstdörre angeführten Verfahren ist.

Die sauber geschälten, aber nicht zerschnittenen noch ausgeschnittenen Früchte werden mit dem Stiel nach oben in nicht zu hohe, etwas weite irdene Kochtöpfe gestellt, und nachdem etwas Wasser auf den Boden derselben geschüttet ist, um das Ankleben der untern Früchte zu verhüten, mit den Schalen überdeckt. Diese Töpfe kommen in den Backofen, und zwar mit dem zu backenden Brode hinein und bleiben da in dieser hohen Temperatur, bis die Früchte so weich sind, daß man mit einem Strohhalm bis zum Kernhaus ohne Mühe einstechen kann. Hierauf werden sie in mäßig heißen Räumen auf Hurden gelegt und gedörrt.

Was hier der Backofen thut, soll die heiße Abtheilung der Dörre zu Wege bringen, und zwar besser und vollkommener; die in der heißen Abtheilung, deren Temperatur gewöhnlich zwischen 60 u. 70° R. steht, und wo Anfangs der Dampf des Obstes gespannt wird, zuerst bis auf einen gewissen Grad weich gekochten Früchte, kommen darauf in die 50—60° R. haltende zweite Abtheilung, wo sie bei reichem Luftzutritt und Ableitung der Feuchtigkeit in 10—12 Stunden fertig dörren. In der heißen Abtheilung genügt oft ein Aufenthalt von nur ½—1 Stunde und hängt ganz von der festeren oder lockerern Beschaffenheit des Fleisches der Früchte ab.

Die so im Dampf weich gekochten Früchte, deren Zellen bei diesem Verfahren großentheils zerrissen sind, dörren nun weit schneller und leichter, als nicht vorher so behandelte Früchte, und werden auch später beim Kochen sehr bald weich und ungemein zart. Der zweite, etwas weniger heiße Raum, in welchem die Luftzüge unten und oben immer geöffnet sind, dient also dazu, das Obst eigentlich zu dörren. Alles frische Kernobst kommt demnach zuerst in die gespannte Hitze der ersten und danach in die trocknere Wärme der zweiten Abtheilung. Wird kein frisches Obst mehr zugebracht, so darf man nur die Lüftungsöffnungen der heißen Abtheilung ebenfalls aufmachen (was auch sonst öfters nöthig wird, wenn sich der Dunst zu stark ansammelt), um aus dieser Abtheilung ebenfalls einen schnell trocknenden Dörrraum zu machen.

Das Steinobst dagegen wird jederzeit zuerst langsam gedörrt; dasselbe muß bei stetem Dampfabzug und mäßiger Hitze so lange gedörrt werden, bis die Schale der Frucht runzlicht wird und die Früchte so zu sagen zusammenfallen. Ist dieses erreicht und so die Früchte bald ganz getrocknet, so bringt man dieselben noch auf kurze Zeit in den heißen Dörrraum, dessen Luftzüge aber dann etwas geöffnet werden müssen. Hier gehen die Früchte wieder auf und erhalten in dieser hohen, feuchteren Wärme einen herrlichen Glanz, der ihnen bleibt, wenn sie recht heiß herausgenommen und in der Luft zum Abkühlen stehen gelassen werden.

Ich kann nach sehr vielfachen Erfahrungen dieses Dörren des Kern= und Steinobstes ganz besonders empfehlen.

Allein das Dörren muß auch, wie jede andere Arbeit, gelernt sein; dieselbe Dörre wird, sobald die das Dörren besorgende Person dabei fleißig und verständig ist und die Heizung genau erprobt hat und kennt, in kurzer Zeit das schönste Dörrobst liefern, während sie bei nachläßiger Behandlung ganz gewöhnliches, wohl auch halbverbranntes Obst gibt. Aber dieses Dörren zu erlernen ist nicht so schwer und es gehört nur etwas Fleiß und Aufmerksamkeit dazu.

Je nachdem die zum Dörren verwendete Person demselben ihre ganze Thätigkeit widmen soll, oder es nur nebenbei besorgt, und je nachdem man feines geschältes Obst für den Handel oder nur ge=

wöhnliches schmackhaftes Dörrobst für den Haushalt produciren will, dürfte meine kleinere Herbdörre oder die hier empfohlenen größeren Dörren von Vortheil sein.

Wird eine eigene Person zum Dörren aufgestellt, so ist natürlich die größere Dörre vortheilhafter, und wenn das Obst nicht geschält oder nur theilweise (die Aepfel) geschält wird, so kann eine Person zwei, ja wohl sogar drei solche Dörren besorgen. Wird feines Dörrobst bereitet, so hat sie mit einer Dörre vollauf zu thun, indem das Schälen, Plattdrücken der Früchte, Auslesen u. s. w. viele Zeit in Anspruch nimmt.

Bei der Schilderung der Neuen Gemeindeobstdörre ist pag. 20 auf das dem Dörren vorhergehende Sieden der Früchte in Dampf in besondern Kesseln aufmerksam gemacht, worauf ich nur hier nochmals hindeuten will und bemerke, daß sich diese Methode hier ganz besonders bewährt hat und ganz regelmäßig in Anwendung kommt.

Wollen wir aber wirklich schönes Dörrobst erzeugen, so müssen wir auch schöne und passende Früchte dazu nehmen. Unsere Knausbirnen, Harigel-, Römische Schmalzbirnen, Schneiderbirnen, Rothe und Gelbe Wadelbirnen u. s. w. geben ungeschält (aber vor dem Dörren gewaschen und viermal zerspalten) sehr gute Birnschnitze, und wenn sie, wie angegeben, gedörrt werden, so werden die inneren Flächen jedes Schnitzes förmlich wie candirt oder verzuckert und sehen dann sehr appetitlich aus.

Kleinere Birnen oder mittelgroße (wie auch die fruchtbare Schneiderbirn), ein nicht zu weiches, sondern eher etwas hartes Fleisch habende Sorten, natürlich keine steinigen Früchte, kann man entweder **ganz dörren als Huzeln** oder sie **ganz schälen und später platt drücken** und so als sehr feines Dörrobst verwerthen. Von solchen wurde mir das Pfund mit 18—24 kr. bezahlt.

Auch kleinere wohlgeformte Aepfel, wie z. B. Luiken und Rosenäpfel von mittlerer Größe, der Geflammte Cousinot oder Schmelzling, Borsdorfer — wo es solche in Mehrzahl gibt — werden geschält aber ganz gelassen und nur der Kelch ausgeschnitten (nicht das Kernhaus) und so mit dem Stiel getrocknet und geben als **French Pippins** einen sehr gesuchten Handelsartikel.*)

Aber auch mit dem Kripseisen ausgestochen und des Kern-

---

*) Das Kernhaus bleibt hier beim Genuß an dem Stiel sitzen und belästigt daher beim Essen gar nicht.

hauses befreit, sind solche Aepfel sehr gesucht und werden zu sehr guten Preisen bezahlt. — Große und sehr große Früchte werden geschält, geschnitten und das Kernhaus entfernt. Es ist bekannt, daß die Schale sowohl als die Kernhauswände bei den Birnen verdaulich sind und daher **nicht** ausgeschnitten zu werden brauchen; bei dem Apfel ist dieß nicht der Fall und **ungeschälte** und nicht vom Kernhaus befreite Apfelschnitze sind ein durchaus **schlechtes** Essen. Das Schälen größerer Aepfel macht auch nur wenig Mühe und geht sehr schnell von Statten. Mittelst der Aepfelschälmaschine wurde 1 Simri (35 Pfd.) Aepfel für 6—7 Kreuzer (2 Sgr.) je nach ihrer Größe im Accord geschält.

Unreife, fleckige oder gar angefaulte, oder stark aufgefallene Früchte taugen nicht zum Dörren für den Handel, geben wenigstens nur Dörrobst für den gewöhnlichen Hausverbrauch.

Alle **Steinobstfrüchte**, also Kirschen und Zwetschen, müssen erst **völlig reif** sein und dörren in letzterem Zustand um sehr vieles besser als solche, welche nur erst annähernd die Reife erlangt haben. Man lasse sie vor dem Dörren auf Hurden womöglich immer einige Zeit an der Luft etwas abwelken, ehe sie in den Dörrofen kommen und dörre dieselben, da sie viel Wasser enthalten und bei zu hoher Temperatur leicht aufplatzen und ihren Saft verlieren, anfangs bei mäßiger, später bei stärkerer Hitze, wie dieß schon gesagt wurde.

Vortrefflich sind sowohl gedörrte Kirschen als auch Zwetschen, **deren Steine entfernt** wurden, was am leichtesten geht, wenn man in halbgedörrtem (welkem) Zustand dieselben herausdrückt. Die so gedörrten bunten Süßkirschen erhalten ganz und gar das Ansehen der Cibeben, werden sehr häufig für solche angesehen und dienen im Backwerk recht wohl als Surrogat für die Cibeben. Die gut gedörrten und ausgesteinten **Zwetschen** werden etwas zusammengedrückt und erhalten eine rundere Form dadurch; sie geben vortreffliche Prünellen und sind ein gesuchter Handelsartikel.

Ich bemerke hierbei, daß es einzelne Weichsel- und Glaskirschensorten gibt, deren Stein so fest am Stiele sitzt, daß er, wenn man die Frucht sanft abreißt, mit dem Stiel am Baume hängen bleibt. Dies ist der Fall z. B. bei der Großen Glaskirsche von Montmorency oder dem Großen Gobet und erhält man hier auf die allerleichteste Weise entsteinte Kirschen.

Man hat übrigens jetzt auch ein zierliches Maschinchen zum Entsteinen der Kirschen; es geht aber durch dieselben weit mehr Saft verloren, als bei der eben erwähnten Gewinnung entsteinter Früchte.

Bezüglich des anzuwendenden Feuerungs-Materials rathe ich, ein nicht zu sehr flackerndes Feuer zu machen, auch mehr langsam als zu stark auf einmal nachzuschüren. Ich fand gutes trockenes Astholz von Obstbäumen und zum Erhalten des Feuers etwas Torf oder Lohkuchen für vortheilhaft. Es ist übrigens, wie leicht begreiflich, jedes Heizmaterial bei diesem Dörren anzuwenden, Tannen- wie Buchenholz, Torf und Coaks, da ja jeder Rauch von den Früchten gänzlich abgeschlossen ist und also dadurch keinerlei Nachtheil erwachsen kann, wenn auch mit Materialien, die einen unangenehmen Geruch verbreiten, wie der Torf, geheizt wird.

Uebrigens rathe ich, den Dörrofen beim Beginn des Dörrens erst gehörig mittelst Buchenholz in die Hitze zu bringen und dann mit Astholz und Lohkäsen oder Torf fortzudörren.

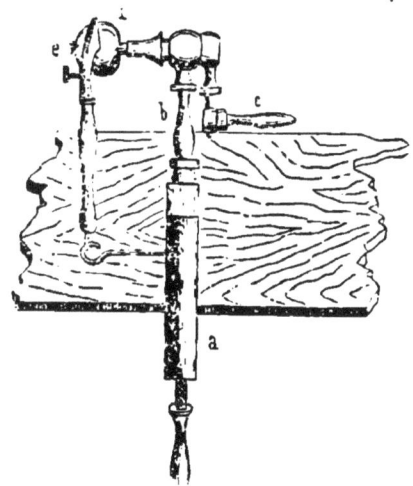

Was die Dörrgeräthschaften anbetrifft, so sind diese einfach und beschränken sich auf das Kröbseisen (Kernhausbohrer) und das Kernhauslöffelchen; Apfelschälmaschinen, Schnitzler sind beim Dörren im Großen wie im Kleinen sehr schätzbar.

Die Apfelschälmaschine besteht aus folgenden Theilen: a. einem 4eckigen Holz mit einem Einschnitt versehen, welches mittelst einer unterhalb befestigten Schraube an einem Tisch befestigt wird. An demselben befindet sich ein Draht, in welchem das Schälmesser eingehängt und somit leicht gehalten wird. In das Holzstück a. ist oberhalb in schiefer Richtung ein Arm b. eingeschraubt, welcher dazu bestimmt ist, einem mittelst einem Handgriff leicht zu drehendem Holz, an dessen Spitze sich 2 spitze Drahtzinken befinden, als Stützpunkt zu dienen. An diese 2 Zinken bei d. wird die zu schälende Frucht mit dem Stieltheil möglichst gerade angesteckt und nun faßt das Schälmesser e., welches nach Bedürfniß enger oder weiter gestellt werden kann und welches etwa in einem Winkel von 60° gegen die Frucht hin gerichtet ist, die Frucht und schält sie sehr leicht, schnell und gut ab. In Kelch-

und Stielhöhle wird dann noch mit dem Messer die wenige bleibende Schale weggenommen.

Es kostet eine solche Maschine polirt 1 Thaler, nicht polirt 1 fl. 24 kr.

Was den Obstschnitzler betrifft, dessen Preis ganz der gleiche der Obstschälmaschine ist, so ist dieser in der hier angewendeten Form schon länger bekannt und verbreitet. Er besteht aus einem Brettstück,

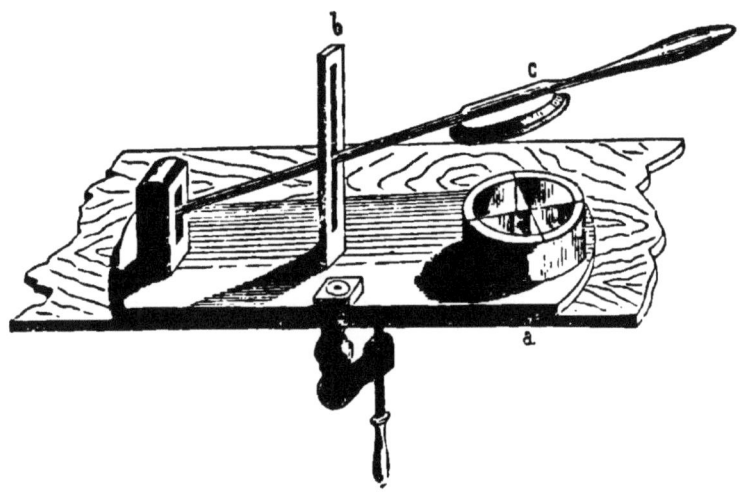

welches so an den Tisch geschraubt wird, daß der Theil desselben a., wo sich ein 4schneidiges Messer befindet, frei steht, bei b. ist eine Gabel, in welcher sich der Hebel c. auf und nieder bewegt, welche dazu dient, daß der Drücker die Frucht, welche zum Zerschneiden auf die Messer gelegt wird, immer recht gleichmäßig und genau erfaßt und so in 4 möglichst gleiche Theile spaltet. Durch diese Gabel ist dieses sehr einfache und praktische Werkzeug wesentlich verbessert worden.

Das Kröbseisen dient dazu, das Kernhaus herauszustechen und ist ein hohles cylinderförmiges Eisen mit Griff; Preis 24 kr.

Das Kernhauslöffelchen ist ein kleines ganz nettes Werkzeug, welches bei zerschnittenen Früchten dazu dient, das Kernhaus auf die leichteste und schnellste Weise auszuschneiden; Preis 18 kr.

Man hat allerdings noch andere als die hier genannten Maschinen, allein diese sind selbst bei sehr ausgedehntem Dörrbetrieb völlig genügend und sehr leicht zu handhaben.

8) Berechnung der Kosten des Dörrens.

Bei den bessern bekannten Obstdörren berechnen sich die Dörr=
kosten für 1 Simri grünes Kernobst (35 Pfund) auf 6—8 kr., im
Durchschnitt also auf 7 kr. (2 Sgr.).

Da 4 Simri grünes Obst 1 Simri gedörrtes geben, so kostet
1 Simri Obst zu dörren 24—32 kr., im Mittel 28 kr. (8 Sgr.).

Wenn das Simri Kernobst von besonders zum Dörren geeigneten
Sorten (halbschmelzende und hartfleischige Birnen und allerlei Aepfel
zweiten Ranges) sich auf 35 kr. = 10 Sgr. berechnet, welchen Preis
man als Durchschnittspreis im Allgemeinen wird annehmen können, so
kostet 1 Simri gedörrtes Obst in Summa 2 fl. 48 kr.

1 Simri gedörrte Aepfel wiegen 19—20 Pfund, 1 Simri Birnen
28—30 Pfund.

Hienach kostet 1 Pfund gedörrte Aepfel und Birnen, das Gewicht
von 25 Pfd. für beide als durchschnittliches angenommen, 7 kr. =
2 Sgr., 1 Ctr. à 100 Pfund circa 11 fl. 40 kr. = 6 Thlr. 20 Sgr.

Was über diesen Preis erlöst wird, ist als Dörrgewinn zu be=
trachten und ist davon nur noch ein kleiner Betrag als Zins für die
Dörre und für das Risico beim Dörren abzuziehen.

Auf der empfohlenen größeren neuen Dörre werden sich, da der
Holzverbrauch geringer und die Dörrzeit eine kürzere ist, auch das
Auslesen des gedörrten Obstes weit weniger als sonst nöthig ist, die
Dörrkosten etwa um 20 % vermindern und pro Simri statt 7 kr.
circa 5$^{1}/_{1}$ kr. betragen, zwar nur ein kleiner, aber doch ein merk=
licher Unterschied beim Dörren im Großen und für den Handel.

Ein wesentlicher Unterschied wird sich aber zeigen in dem Mehr=
erlös für das auf den verbesserten Dörren gedörrte feine Dörrobst,
welches jeder sachverständige Käufer als eine sehr gute reinliche Waare
gerne seinem höheren Werthe nach auch theurer bezahlen wird, als das
gewöhnliche gedörrte Obst.

Bei auf edlere Art zubereitetem Obste, namentlich geschälten platt=
gedrückten Birnen und geschälten ganzen Aepfeln, stellt sich durch den
an sich weit höheren Marktpreis derselben ein sehr günstiges Resultat
für das Dörren heraus.

1 Simri oder 25 Pfund feiner gedörrter Aepfel und Birnen
würden etwa auf 3 fl. 30 kr. und 1 Pfund auf 8$^{1}/_{1}$ kr. zu stehen
kommen, und zwar:

4 Simri Obst à 35 kr.	2 fl. 20 kr.
Holzverbrauch	— 20 kr.
Taglohn für das Dörren	— 12 kr.
Aufwand für Schälen .	— 28 kr.
	3 fl. 30 kr. = 2 Thlr.

1 Pfund von solchem Obste wird aber nie unter 12 kr. und häufig um 18, 20, 24 kr. verkauft, so daß für dieses Obst ein namhafter Gewinn sich versprechen läßt, und dies um so eher, als im Handel sehr viel Nachfrage nach solch edlerem Dörrobste ist.

Die Kosten des Dörrens der Zwetschen berechnen sich in folgender Weise:

In Württemberg ist der durchschnittliche Preis für 1 Centner trockene Zwetschen (= 3 Simri) 11 fl.; für ganz ausgezeichnet schöne Waare wird 12—15 fl., für mittelmäßige 9—11 fl., für geringere 7—8 fl. bezahlt. Hiebei sind die Preise im größern Durchschnitt berechnet, natürlich ändert der Preis je nach der Ernte in den verschiedenen Jahrgängen sehr.

1 Simri gedörrte Früchte erheischen etwa für 40 kr. Brennmaterial, Taglohn für das Dörren 12—15 kr. Zu 1 Simri gedörrter Zwetschen gehören 3½ Simri am Stiel etwas gewelkte und 4 Simri noch ganz frische Zwetschen.

Durchschnittlich gehen 30 Stück grüne Zwetschen auf 1 Pfund; getrocknete, wenn sie schön sind, 90 Stück, ausgezeichnet große 60—70 Stück.

Die Kosten für die Gewinnung von 1 Simri = 33 Pfund getrockneter Zwetschen stellen sich daher folgendermaßen:

3½ Simri frische Zwetschen à Simri 30 kr.	1 fl. 45 kr.
Heizungskosten	— 40 kr.
Lohn für Dörren und Auslesen	— 15 kr.
Abgang durch kleine und wurmige Früchte . .	— 10 kr.
Zinsen am Betriebskapital und Abnutzung .	— 10 kr.
Risico und Gewerbsgewinn	— 30 kr.
Summa	3 fl. 30 kr.,

welcher Preis mit dem durchschnittlichen Marktpreis ganz übereinstimmt. Da beim Detailverkauf 1 Pfund schöne Zwetschen gewöhnlich 9—11 kr. kostet, so ergibt sich für das Simri = ⅓ Centner 5 fl. — 5 fl. 15 kr.

II. Die Gesälz- oder Mußbereitung.

Eine der besten und ökonomischsten Verwendungsarten des Obstes im Haushalt ist die, als Muß, Marmelade oder Gesälz bekannte, und wenn wir in Württemberg auch noch nicht, wie am Niederrhein, in Franken, unter dem Namen „Kraut, Obstkraut, Apfelkraut", ein weit exportirtes Handelsprodukt darstellen, indem dazu fabrikmäßige Einrichtungen gehören, so können wir doch eine namhafte Menge Obst auf solche Weise für eine Reihe von Jahren dem menschlichen Haushalt als eine sehr gesunde und zuträgliche Zuspeise erhalten.

Die Methoden, Obstmuß zu bereiten, sind mannigfaltig; eine der einfachsten ist die, welche Professor Siemens in Hohenheim im Jahr 1847 in größerer Ausdehnung anwendete und welche sich sehr bewährt hat. Das Verfahren dieses Obstmuß zu bereiten ist folgendes:

Man zermahlt und preßt Birnen aus; der Most wird frisch und süß auf $1/3$ seiner Menge eingekocht, abgeschäumt und abgekühlt. Hiezu dienen fast alle Mostbirnen, namentlich die herbsüßen, wie die Knausbirn, Langstielerbirn, Schneiderbirn, Harigelbirn u. a. Der abgekühlte Most wird durch ein nicht neues flanellenes Tuch durchgeseiht. Während dieser Zeit werden ungefähr das gleiche Quantum Aepfel, wie es Birnen waren, in einem Kessel mit nur wenig Wasser durchgekocht. Diese werden vorher sauber gewaschen, aber nicht geschält, noch zerschnitten. Die weichgekochten Aepfel werden nun, mittelst eines kleinen steifen Besens durch ein Sieb gerieben, um das Apfelmark von den Schalen und Kernhäusern zu trennen.

Hierauf bringt man das Apfelmark auf den gereinigten Birnsaft in den Kessel und kocht beides unter beständigem Rühren, bis die Masse in größeren Klumpen an einem Löffel hängen bleibt und das Ganze beim Erkalten die Consistenz eines steifen Teiges hat. Eine kleine Zuthat von Zitronenschalen, Zimmt, Gewürznelken erhöht den Wohlgeschmack.

Auf diese Art erhält man von 35 Pfund Obst über 2 Maas (1 Maas Württbg. = 4 Schoppen oder 2 Weinbouteillen) Muß von vorzüglichem Wohlgeschmack und langer Haltbarkeit.

45 Simri (à 35 Pfd.) Obst geben bei einem Aufwand von circa 5 Thaler für Arbeit und Brennmaterial 100 Maas Gesälz.

Das Gesälz wird noch heiß in Steintöpfe gefüllt und diese Töpfe nach dem Füllen in einen Backofen oder an einen heißen Ort gestellt, bis sich eine Kruste gebildet. So können diese Töpfe lange Zeit an einem trockenen und kühlen Ort aufbewahrt werden.

Da außer obigen 8 fl. 45 kr. noch einige Nebenkosten für Verpackung ꝛc. dazu kommen, und der Gesammtaufwand 10 fl. betrug, 100 Maaß Gesälz à 24 kr. aber 40 fl. eintrugen, verwerthete sich das Obst (welches 1847 6 kr. das Simri kostete) pro Simri um 40 kr. und es ergab sich ein Reinertrag bei 100 Maaß (8 kr. das Simri Obst gerechnet) von 24 fl. Die Nachfrage nach diesem Obstmuß war eine sehr große und konnte nicht genügend befriedigt werden.

Kostet das Simri Obst 30—35 kr., 1 Ctr. 1 fl. 30 kr. bis 1 fl. 45 kr. (der allgemeine Durchschnittspreis), so ergibt sich bei dem gleichen Preis des Gesälzes noch ein Reingewinn von $7^1/_2$ fl. pro 100 Maaß.

Eine sehr delicate Art von Obstgesälz ist das sogenannte **Apfelkraut.** Hier kommen Rüben oder andere Wurzeln, welche Zucker und Pflanzengallerte enthalten, zu dem Obste, wodurch das Produkt oft ein geléeartiges, fast durchsichtiges Aussehen erhält.

Am Niederrhein bestehen große Fabriken zur Bereitung dieses Apfelkrauts und ich habe in meiner Schrift über Obstbenutzung pag. 150 ausführlich das dortige Bereitungsverfahren angegeben.

Eine höchst einfache und praktische, erprobte Methode ist nach Professor Bender in Weinheim die folgende: Zur Hälfte Aepfel, zur Hälfte Zuckerrunkeln, werden, jeder Theil besonders, halbgar gekocht, abgeseiht und zusammen unter eine Presse gebracht und der Saft herausgepreßt. Dieser wird dann zu einem dicken Gelée eingekocht. Anstatt Aepfel kann man eben so gut Birnen zur Bereitung dieser Art von Gesälz anwenden.

In Thüringen und Sachsen ist ein Apfelmuß sehr geschätzt, welchem anstatt Runkelsaft, der Saft von Möhren oder Gelbrüben beigesetzt wird, es ist besonders bei den Kindern sehr beliebt. Hiezu werden die Möhren — wozu sich Riesenmöhren vorzüglich eignen — gekocht, zerstampft und ausgepreßt, diese Flüssigkeit etwas abgedämpft und abgeschöpft. Dann schält und schnitzelt man Aepfel und kocht dieselben in diesem Safte, bis alles zusammen die Dicke des Syrups hat.

Am beliebtesten für den Haushalt und ein gesuchter Handelsartikel ist vorzüglich das **Zwetschenmuß**; dieses wird auf folgende Weise in Thüringen, wo es fast in jeder Haushaltung zu finden ist, bereitet.

Die vollständig reifen, am Stiel etwas eingerunzelten Zwetschen werden gewaschen und ausgekernt und in einem großen Waschkessel unter stetem Umrühren so lange gekocht, bis die Früchte zu Brei aufgelöst sind. (Man kann auch ohne allen Nachtheil die Steine mitkochen lassen). Hierauf wird der Zwetschenbrei mit oder ohne Steine durch ein Sieb mittelst eines steifen Besens durchgetrieben, wodurch alle Schalen und Steine entfernt werden. Nun wird der Brei abermals in den Kessel gebracht, und unter Zusatz von einigen Welschnüssen mit deren grüner Schale, Ingwer und Gewürznelken, so lange gekocht, bis das Muß nicht mehr vom Löffel herabfällt, sondern als ein Klumpen daran hängen bleibt. Das völlig eingekochte Muß wird in Steintöpfen mehrere Jahre aufbewahrt und ist immer eine vortreffliche Speise.

Man bereitet auch sehr vorzügliches Gesälz aus Zwetschen unter Zusatz von etwas Zucker und Essig und zwar zu 5 Pfd. Zwetschen 1 Pfd. Zucker und $1/2$ Pfd. Weinessig und behandelt es sonst auf gleiche Weise; dies hält sich ganz besonders lange und gut.

Für die Bereitung von solchem Gesälz in etwas größerem Maaßstabe ist es sehr vortheilhaft, wenn, wie hier im Pomologischen Institut, 2 Kessel dazu bestimmt werden, ein größerer zum Vorkochen, ein kleiner zum Fertigkochen. Es kann e i n e Person recht wohl beide, wenn sie dicht neben einander stehen, besorgen. Der kleine Kessel darf nicht zu dünn sein, damit das Gesälz nicht so leicht anbrenne. Dies leichter zu verhüten, werden einige Kieselsteine mit in den Kessel hineingeworfen.

Daß die Kessel nicht von Eisen, sondern nur aus Kupfer sein dürfen, versteht sich von selbst und ebenso, daß dieselben nach jedem Gebrauch sorgfältig gereinigt werden müssen, damit sich kein Grünspan bilden kann, auch ist es sehr zu empfehlen, diese Kessel gut verzinnen zu lassen.

Zum Umrühren dient die hier abgebildete Rührstange.

Zur Bereitung von **Kirschenmuß** ertheilt in der Monatsschrift für Pomologie der verstorbene Hofgärtner Richter folgende sehr gute Anweisung, nach welcher Süßkirschen, sofern sie nicht sonst verwerthbar sind, sehr gut zu Muß gebraucht werden können.

Man nimmt dazu am besten nur schwarze Kirschen und verfährt dabei, wie beim Einkochen der sauren Kirschen, indem man die entstielten Früchte mit etwas Wasser in einem Kessel weich kocht. Dann werden sie durch einen Durchschlag oder ein Sieb gerührt, damit die Steine entfernt werden, und der Muß hierauf unter fleißigem Umrühren so lange gekocht, bis es gleichsam trocken ist, d. h. bis eine auf Papier gebrachte kleine Quantität keine feuchte Stelle mehr zu wege bringt. So wird es dann noch warm in steinerne Töpfe gefüllt, die Oberfläche geglättet, worauf man die Töpfe noch einen oder zwei Tage in einen warmen Back- oder Dörrofen stellt, damit das Muß noch mehr betrocknet. Zuletzt legt man ein passendes, rundes, mit Rum oder Spiritus getränktes Papier unmittelbar darauf, und überbindet die Gefässe dicht mit doppeltem Papier oder besser mit Rindsblase luftdicht. Dieses Muß gehörig zubereitet hält sich jahrelang gut. Beim Gebrauch wird es mit warmem Wasser aufgeweicht und flüssiger gemacht, wohl auch etwas Wein und passendes Gewürz hinzugefügt, und warm oder kalt als Sauce zu Fleisch- oder Mehlspeisen gegeben. Es schmeckt sehr angenehm säuerlich süß. Nimmt man eine Mischung von sauren und süßen Kirschen, so wird der Geschmack dadurch kräftiger; jedoch darf dann eine Beigabe von etwas Zucker nicht fehlen. Uebrigens lassen sich die süßen Kirschen auch frisch als Compot zubereiten, und sind dann eine nicht weniger angenehme Speise, als die sauren Kirschen oder anderes Obst.

Zum Schluß will ich noch die Bereitung von **Obstsyrup** angeben, welchen man besonders von Birnen, namentlich der sehr verbreiteten Knausbirn oder Weinbirn sehr leicht darstellen kann. Er hält sich 4 Jahre und länger und dient sowohl als Ersatz für Zucker, als auch als Ersatz für Butter, indem er auf Brod gestrichen, verwendet wird und sonst auch zu manchen andern Zwecken.

Es werden frischer Most, wie er von der Presse kommt, von herbsüßen Birnen bis zur Syrupdicke eingekocht, dabei fleißig das gerinnende Eiweis abgeschäumt und stets gehörig umgerührt. Das Feuer darf nicht zu stark sein, sonst erhält der Syrup eine unangenehme Bitterkeit. Als Zuthat können Gewürznelken verwendet werden.

20 Maas Most geben, 20 Stunden lang eingekocht, 4 Maas Syrup; hierzu wurden 60 Pfd. Buchenholz verbraucht, was einen Aufwand von 20—30 kr. verursachte. Hierzu die Kosten der Arbeit 30 kr. und des Mostes (1 Eimer in obstreichen Jahren 10 fl.) also 2 fl., so beträgt der Gesammtaufwand für 4 Maas Syrup 3 fl., also für 1 Maas 45 kr. Diese Preise ändern sich nach den Obstpreisen sehr. Bei einer so reichen Obsternte wird aber gewiß auch mancher sich solchen Obstsyrup, wenigstens für seinen Hausbedarf bereiten, wenn er ihn auch nicht für den Verkauf darzustellen für vortheilhaft findet.

Erklärung der Abbildungen. (Taf. I.)

A. Neue Gemeindeobstdörre. (Fig. 1, 2 und 3.)

Fig. 1 Vorderansicht einer solchen Dörre als Doppeldörre construirt; Fig. 2 Längendurchschnitt; Fig. 3 Querdurchschnitt einer einfachen Dörre. Die Zeichnungen sind in $1/20$ der natürlichen Größe dargestellt. Die Buchstaben gelten für alle 3 Figuren.

a. Heizung. b. Aschenloch. c. Rauchabzugsröhre. d. Kapseln an den Rauchabzugsröhren, welche beim Ausputzen weggenommen werden. e. Thüren von Holz, welche die Dörren abschließen. f. Die Dörrschubladen. g. Eingemauerte Schieferplatten oder Eisenstäbe, worauf die Schubladen laufen. h Eiserne Stäbe, worauf die Heizkanäle ruhen. i. Zug am Dörrofen um frische trockene Luft zuzuführen. k. Dampfabzugsröhren von Holz. l. Backsteingemäuer. m. Kluckergemäuer. n. Schieber zum Schließen der Dampfkanäle. o Klammern zum Befestigen der Thüren. p. Hölzerner Deckel der Dörre. q. Stein in Mitten des Feuerkanals der die Hitze regelmäßig vertheilen will.

B. Schnelldörre für Haushaltungen. (Fig. 4.)

a ist der Wolf (Heizung) abgeschlossen durch ein sog. Schiebergestell, b das Aschenloch, c Oeffnung zum Einströmen kalter Luft unter dem Kanal, d der Raum wo sich die horizontalen Heizzüge befinden und zugleich d' die Kapsel zum Reinigen der Heizzüge, e ist der Dörrraum, welcher 4 Dörrhurden enthält, f der hölzerne Deckel der Dörre, außerhalb mit Blech beschlagen, g ist das Dunstrohr, h das Kaminrohr, i die hölzerne ebenfalls außerhalb mit Blech beschlagene Thüre, in welcher sich k k 2 Oeffnungen zum Erzeugen eines Luftzugs befinden, welche nach Belieben geöffnet oder geschlossen werden können.

C. Größere Dörre für Haushaltungen. (Fig. 5—9.)

Fig. 8 zeigt die ganze Dörre von außen. Eine Art Fundament von einer kleinen Mauer aus Back- oder Bruchsteinen gebildet, in welchem bei a die Heizung nebst Rost und Aschenloch sich befindet, steht etwas vor. Auf diesem Fundament, welches innen mit trockener Erde oder Steinschutt ausgefüllt ist, liegt der horizontal laufende Heizkanal innerhalb der Kluckerreihe b. Auf diesem befindet sich die Eisenplatte, durch welche dem ganzen Dörrkasten die Wärme mitgetheilt wird, c. Ueber diesen ist d wieder eine Reihe Klucker, in der für jeden Dörrraum eine Oeffnung bei e sich befindet, die nach Belieben verschließbar, und durch welche trockene Luft in die Dörrräume einströmen kann. Auf dieser Kluckerlage ruht in Lehm gelegt der hölzerne Dörrkasten, dessen Hälfte g' die wärmere, g die minder warme ist und welche jede durch eine Thür besonders verschlossen werden kann; h h sind zwei Leisten, mit welcher die Dunstlöcher im Deckel des Dörrkastens ganz oder theilweise geöffnet oder geschlossen werden können.

Fig. 5 zeigt die Heizung offen, wie sie sich nach Wegnahme der sie überdeckenden Eisenplatte darstellt. a ist wieder das Fundament, in welchem jetzt das geöffnete Schürloch und der Rost und die nothwendige Steigung, welche die Flamme haben muß, zu sehen ist, b ist wieder die von Kluckern gebildete Umfassung des Heizkanals; die Pfeile zeigen den Gang des Rauches in dem Wärmekanal an. Der der Heizung nächstliegende Kanal hat $1^{3}/_{4}'$ Breite, er verengt sich durch einen quer vorgestellten Klucker bei c und geht von da ab zwischen den (nach oben zugespitzten) Kluckerreihen in einer Breite von nahezu $1'$ bis zum Rohr d, welches den Rauch abführt.

Fig. 9 zeigt die Dörre im Durchschnitt. a ist das Fundament mit Heizung und Aschenloch; a' die Steinplatte, welche dieselbe bedeckt und die Unterlage des Heizkanals bildet; b b sind die Klucker, welche die Heizzüge umgeben und bilden; c ist die die Kanäle überdeckende Eisenplatte, f f f sind die Klucker, welche auf derselben sich befinden und auf denen e e e die Seitenwände und die mittlere Scheidewand der Dörre aufgestellt sind. An jeder dieser Wandungen sind je 4 mit Falz versehene Latten bemerklich, in welchen die 8 Dörrhurden ein- und ausgeschoben werden.

Fig. 6 zeigt die innere Seitenwand der einen Dörrhälfte; hier sind in jeder der 4 Laufleisten 4 Ausschnitte bemerklich, die mit den 4 Luftlöchern in dem Deckel der Dörre korrespondiren und die sich entwickelnden Dämpfe leichter zu jenen hinführen und von den einzelnen Schublaben ableiten.

Fig. 7 stellt eine Dörrschublade oder Dörrhurde dar und zwar die obere Ansicht und den Durchschnitt derselben. Wie dort ersichtlich sind es dünne Stäbe, welche dem zu dörrenden Obste zur Unterlage dienen. Jede Dörrschublade ist $3'\ 6''$ lang und $1'\ 6''$ breit, also etwas mehr als $5^{1}/_{2}\ \square'$ Flächenraum enthaltend, der ganze Flächenraum der Dörrhurden beträgt demnach $44\ \square'$.

Inhalts-Uebersicht.

Vorwort zur zweiten und dritten Auflage . . .
  I. Das Obstdörren . . . .
    1) Die Herbobstdörre . . . .
    2) Die größere Obstdörre. . . . . .
    3) Größere Dörre mit gemauertem Dörrkasten
    4) Größere Dörre für Gemeinden . . .
    5) Die Issartier'sche Dörre . . . . .
    6) Die Aichelin'sche Dörre . . . .
    7) Ueber das Verfahren beim Dörren . .
    8) Berechnung der Kosten des Dörrens . .
  II. Die Gesälz- oder Mußbereitung . . . .
Erklärung der Abbildungen . . . . . .